※同じページにある別問題イラストの目隠しに、下の黒い部分を切り取ってお使いください。

JN092432

A

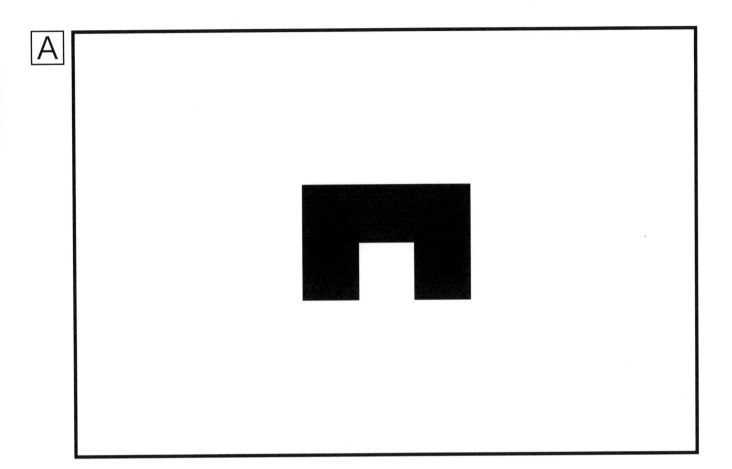

B

記憶①

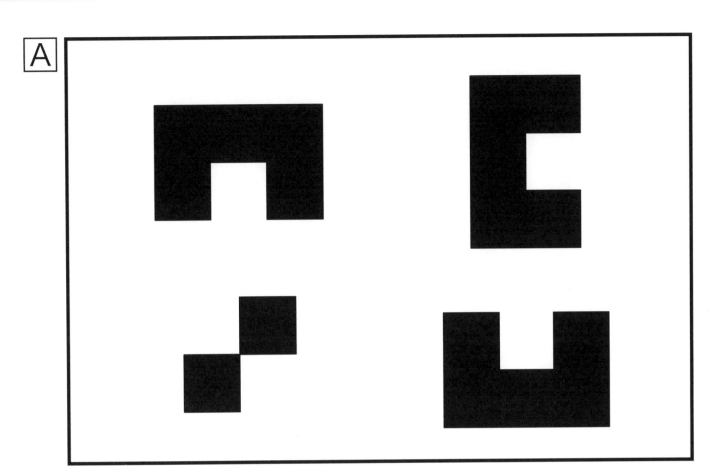

A

B

Ⓐ

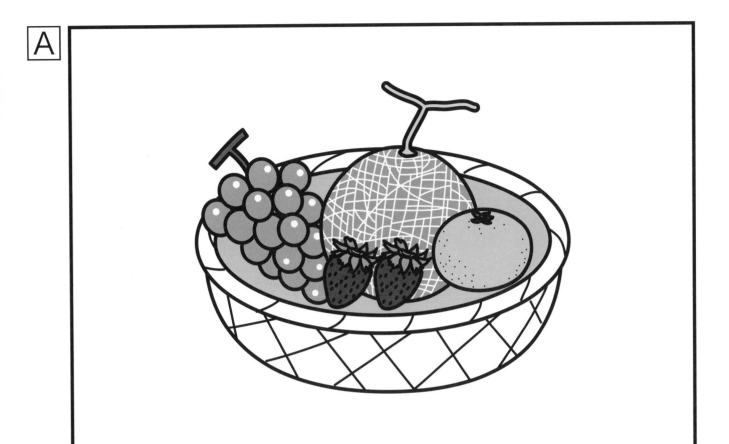

Ⓑ

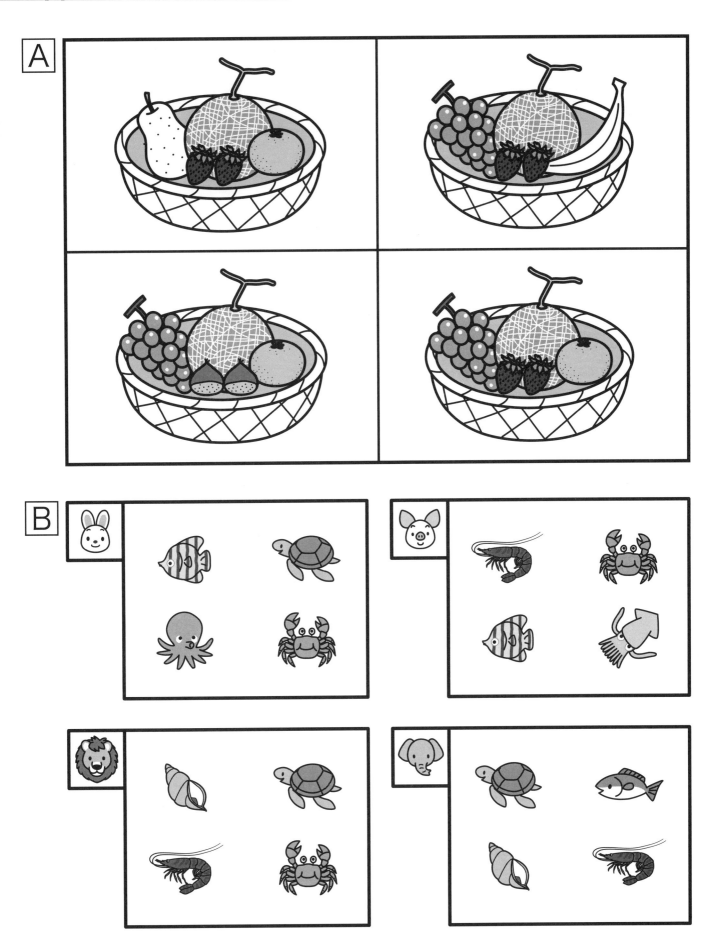

A

B

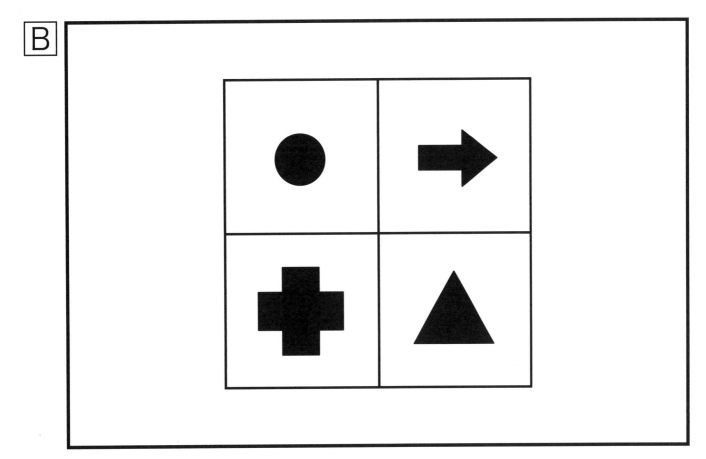

A

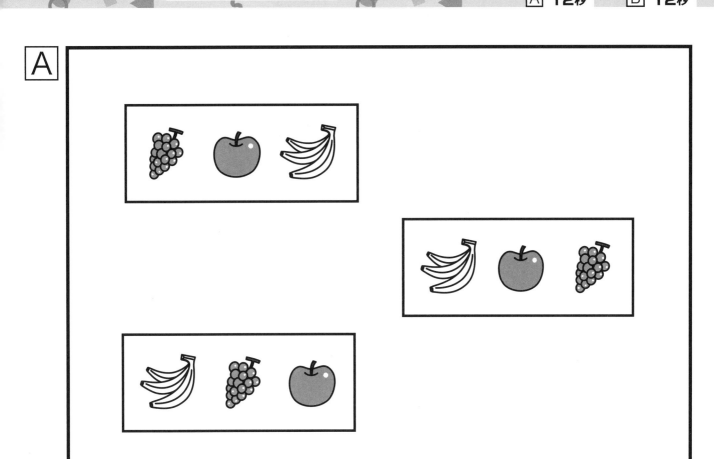

B

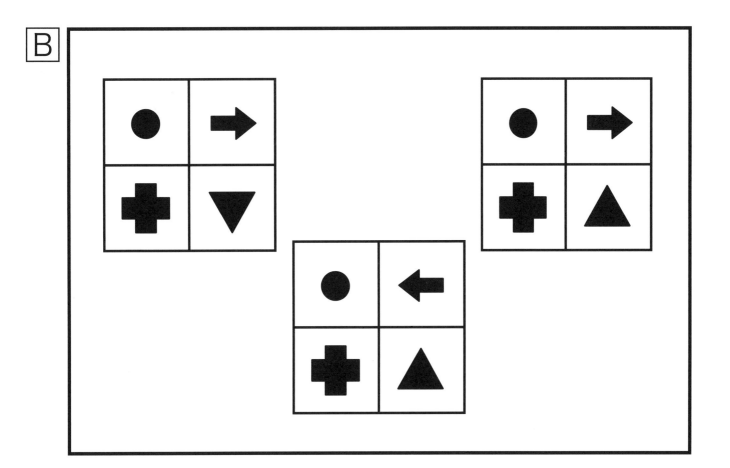

A

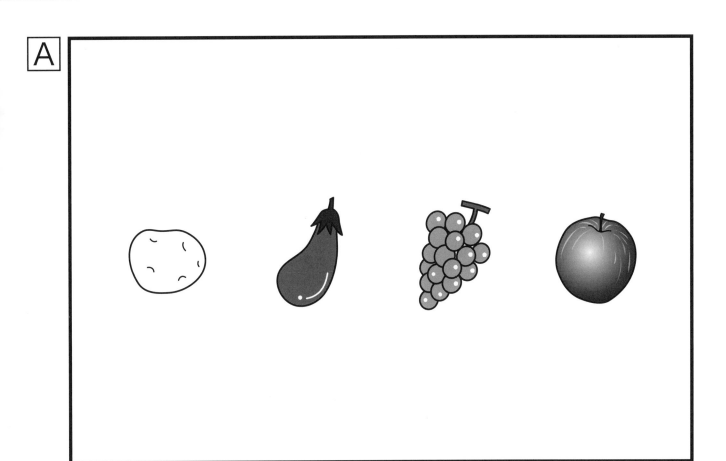

B

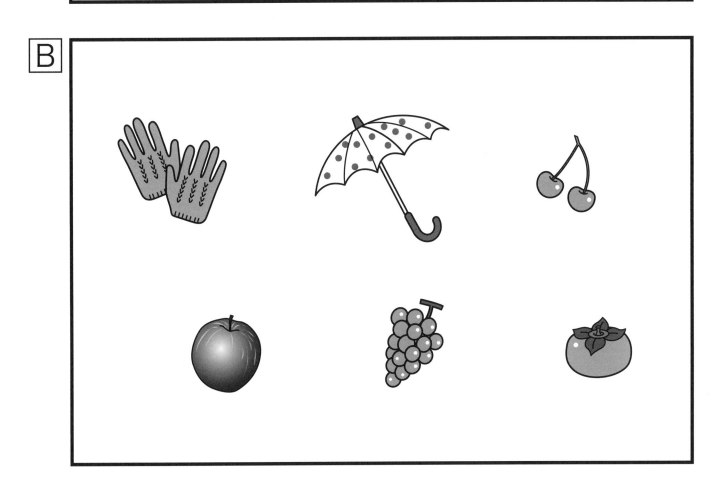

A 15秒 B 15秒

A

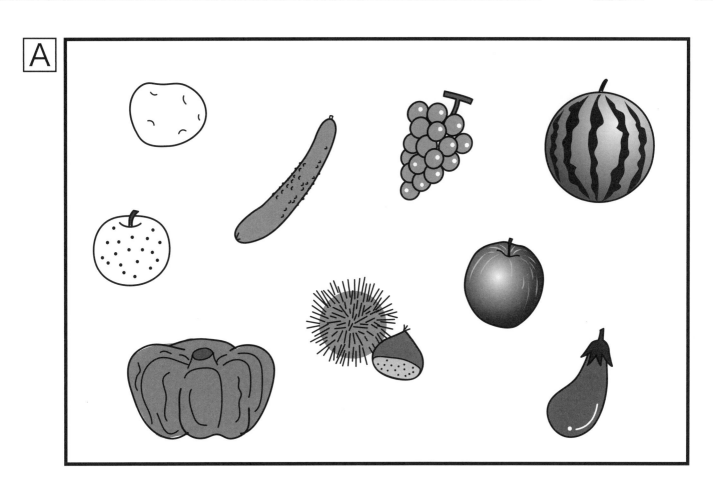

B

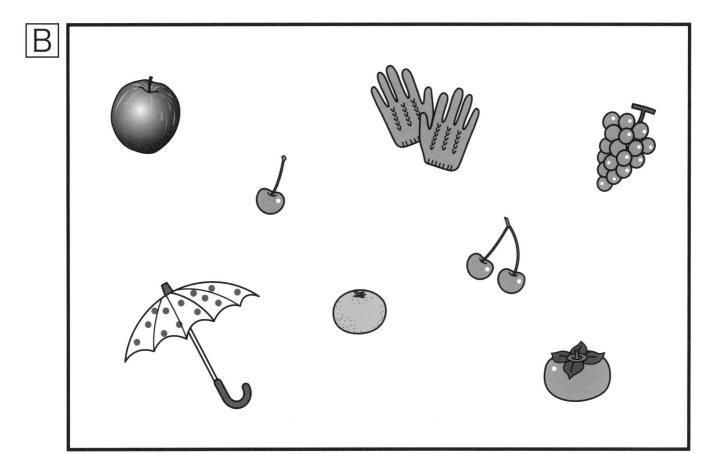

A

B

A

B

A

B
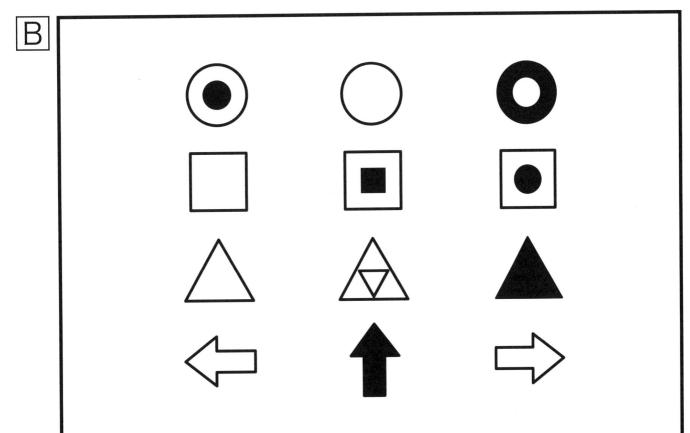

Ⓐ **20秒**　Ⓑ **20秒**

Ⓐ

Ⓑ

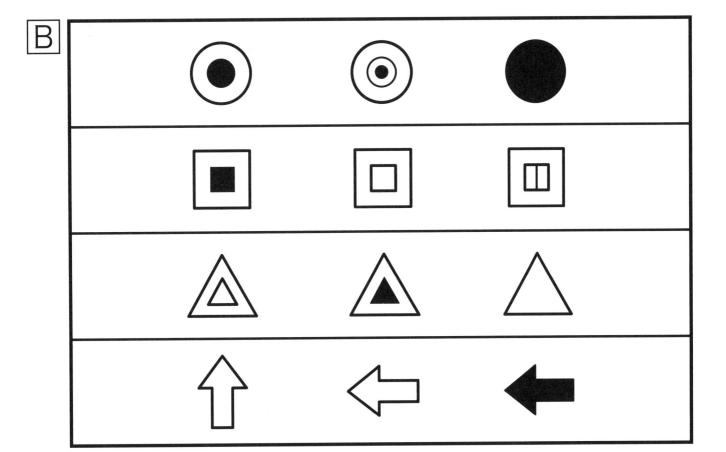

A

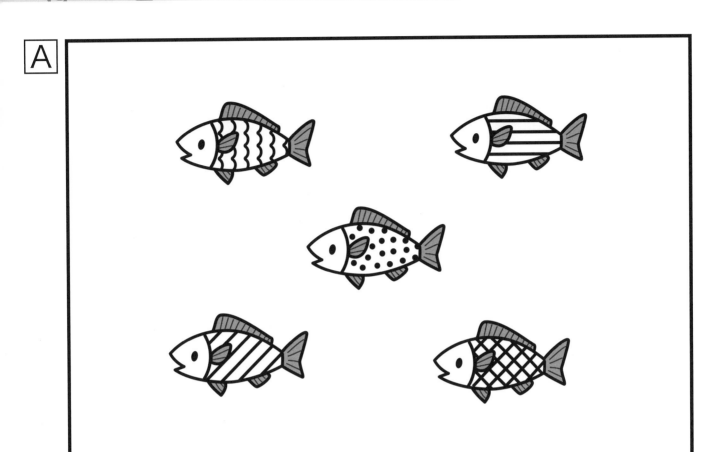

B

A

B

A 20秒　B 20秒

A

B

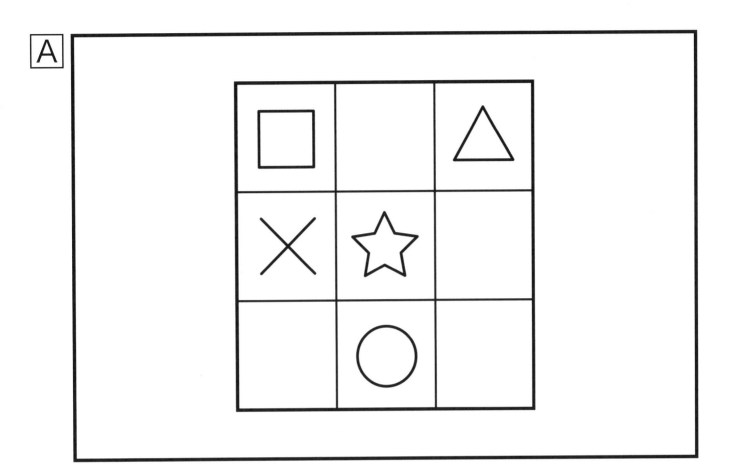

A

B

39

A

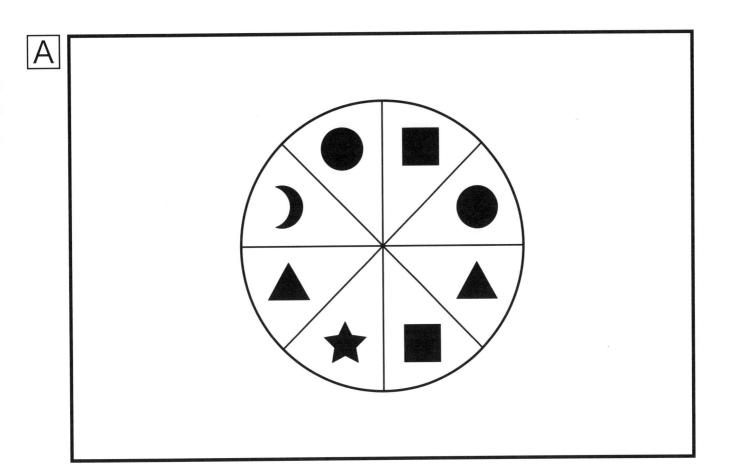

B

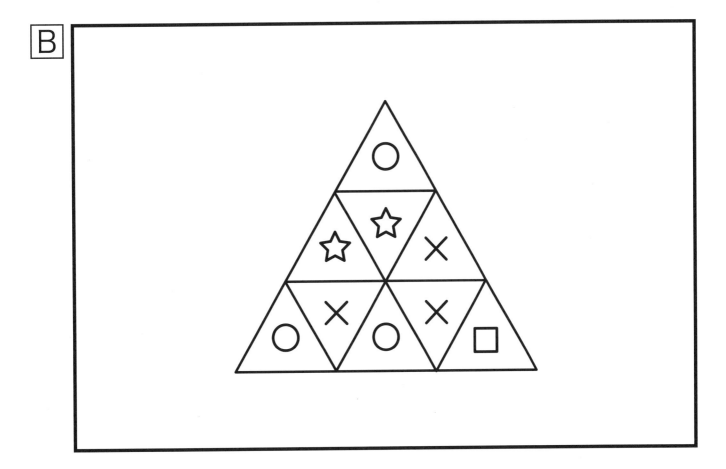

Ａ

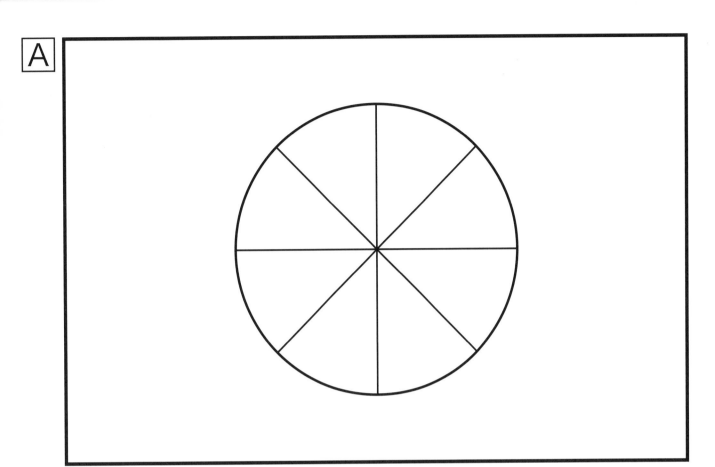

Ｂ

A

B

A 各12秒 B 各12秒

A

	47	

B

A

B

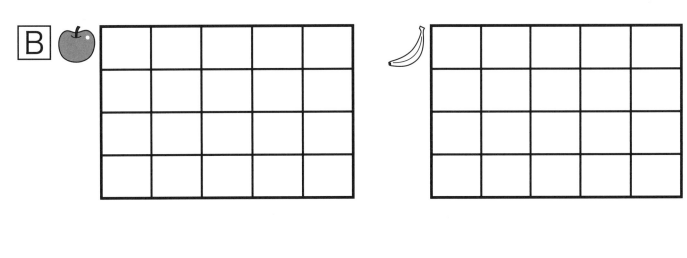

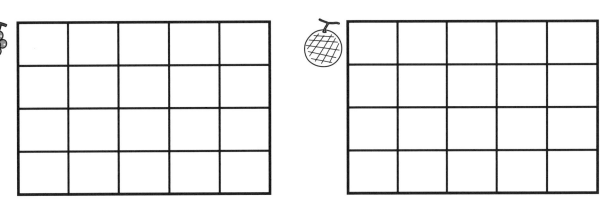

A

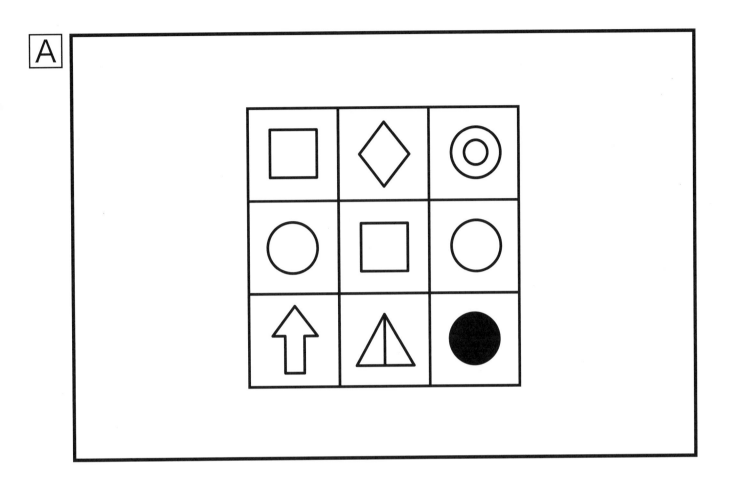

B

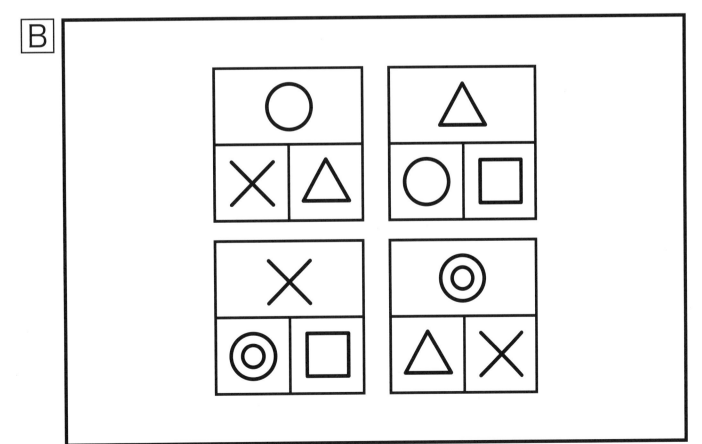

A

B

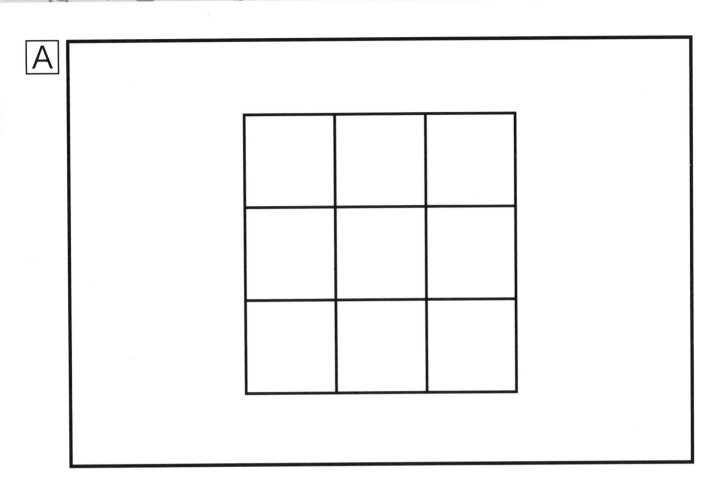

A

B

Ⓐ

Ⓑ

A

B

A

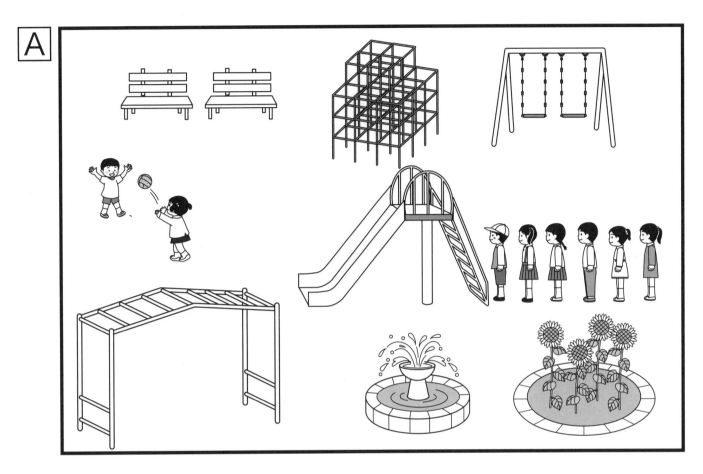

B

A

B

A

B

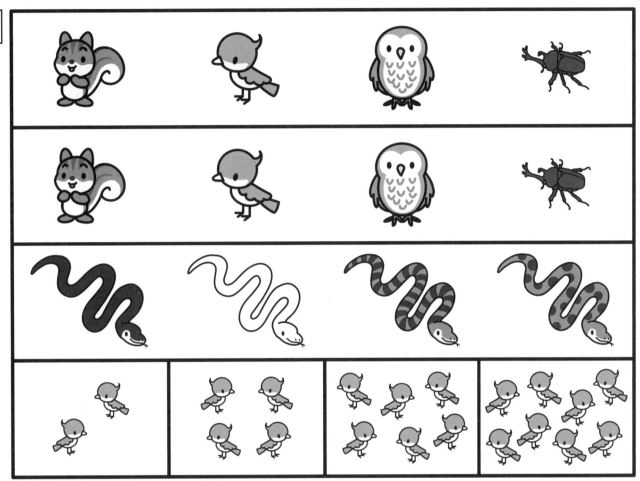

私立・国立
小学校入試類似問題集
記憶

問題・解答例

　「記憶」の問題では、プリントに描かれたお手本の絵や、スクリーンなどの画面に映された絵や図などを10〜20秒ほど見て、絵や形、位置、色、順列などを答えたり、いろいろな音を覚えて聞き分けたりします。限られた時間内での記憶には集中力が必要となり、さらに質問の内容を正しく聞き取る力も必要です。「記憶」では、自ら見て覚えようとする意識があるかどうかが結果を大きく左右します。実際に出題されているいくつかのパターンを掲載しましたので、ペーパー対策だけでなく日常の生活の中でも、クイズ形式で取り入れてみるなど、親子で見る力、記憶する力を育みましょう。

●保護者へのアドバイス

　お皿にある果物を15秒ほど見せてからハンカチで覆い、何があったかを当てる、というようにゲーム感覚で楽しんでみてください。テレビや絵本、どのようなものでも教材になります。観察力が土台となり、集中力も養われますから、お子さんが興味を持っているものをどんどん利用しましょう。記憶力は、機械的に暗記させるだけでは伸ばせないという難しい面があります。大切なのは、興味や感心を持ち、知りたいと思う好奇心の芽です。得手不得手が出やすい項目ですから、苦手なお子さんはしっかり対策していきましょう。

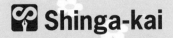 Shinga-kai

1 記憶① ★★★

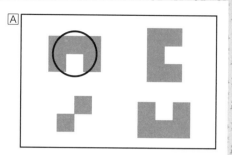

A

問題イラストを10秒見せたらめくり、解答用紙を見せる。
●今見た形と同じものに○をつけましょう。

B

問題イラストを10秒見せたらめくり、解答用紙を見せる。
●今見た絵と同じものに○をつけましょう。

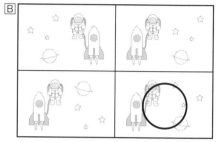

A	1回目	2回目	3回目
時間	/20秒	/15秒	/12秒

B	1回目	2回目	3回目
時間	/20秒	/15秒	/12秒

2 記憶② ★★★

A

問題イラストを15秒見せたらめくり、解答用紙を見せる。
●今見た絵と同じものに○をつけましょう。

B

問題イラストを15秒見せたらめくり、解答用紙を見せる。
●今見た絵と同じものを選んで、横の動物の顔に○をつけましょう。

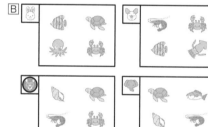

A	1回目	2回目	3回目
時間	/25秒	/20秒	/15秒

B	1回目	2回目	3回目
時間	/25秒	/20秒	/15秒

3 記憶③ ★★★

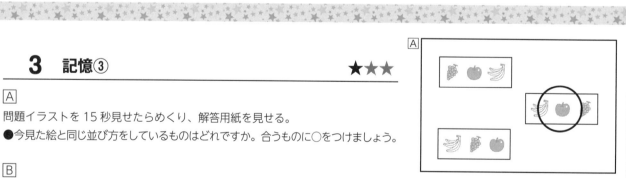

A

問題イラストを15秒見せたらめくり、解答用紙を見せる。
●今見た絵と同じ並び方をしているものはどれですか。合うものに○をつけましょう。

B

問題イラストを15秒見せたらめくり、解答用紙を見せる。
●今見た絵と同じ並び方をしているものはどれですか。合うものに○をつけましょう。

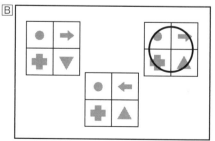

A	1回目	2回目	3回目
時間	/20秒	/15秒	/12秒

B	1回目	2回目	3回目
時間	/20秒	/15秒	/12秒

4　記憶④　　★★★

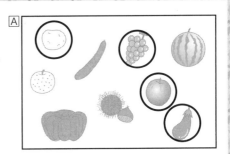

A

問題イラストを 20 秒見せたらめくり、解答用紙を見せる。

●今見た絵の中にあったもの全部に○をつけましょう。

B

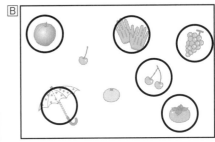

問題イラストを 20 秒見せたらめくり、解答用紙を見せる。

●今見た絵の中にあったもの全部に○をつけましょう。

A	1回目	2回目	3回目		B	1回目	2回目	3回目
時間	/25秒	/20秒	/15秒		時間	/25秒	/20秒	/15秒

5　記憶⑤　　★★★

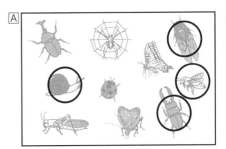

A

問題イラストを 15 秒見せたらめくり、解答用紙を見せる。

●今見た絵の中にあったもの全部に○をつけましょう。

B

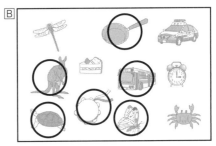

問題イラストを 15 秒見せたらめくり、解答用紙を見せる。

●今見た絵の中にあったもの全部に○をつけましょう。

A	1回目	2回目	3回目		B	1回目	2回目	3回目
時間	/25秒	/20秒	/15秒		時間	/25秒	/20秒	/15秒

6　記憶⑥　　★★★

A

問題イラストを 20 秒見せたらめくり、解答用紙を見せる。

●今見た絵の中にあったもの全部に○をつけましょう。

B

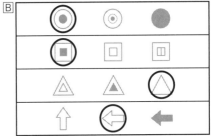

問題イラストを 20 秒見せたらめくり、解答用紙を見せる。

●今見た絵の中にあったものを、それぞれの段から選んで○をつけましょう。

A	1回目	2回目	3回目		B	1回目	2回目	3回目
時間	/30秒	/25秒	/20秒		時間	/30秒	/25秒	/20秒

7　記憶⑦　

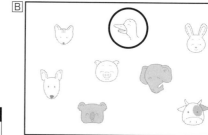

A

問題イラストを 20 秒見せたらめくり、解答用紙を見せる。
●今見た絵にいなかった魚に○をつけましょう。

B

問題イラストを 20 秒見せたらめくり、解答用紙を見せる。
●今見た絵にいなかった生き物に○をつけましょう。

A 時間	1 回目	2 回目	3 回目
	/30秒	/25秒	/20秒

B 時間	1 回目	2 回目	3 回目
	/30秒	/25秒	/20秒

8　記憶⑧　★★★

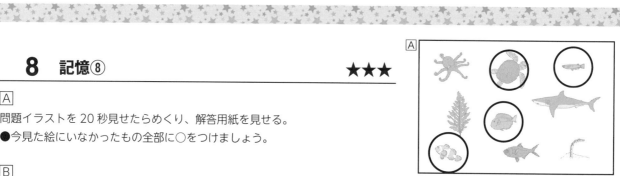

A

問題イラストを 20 秒見せたらめくり、解答用紙を見せる。
●今見た絵にいなかったもの全部に○をつけましょう。

B

問題イラストを 10 秒見せたらめくり、解答用紙を見せる。
●今見た絵にいなかった動物全部に○をつけましょう。

A 時間	1 回目	2 回目	3 回目
	/30秒	/25秒	/20秒

B 時間	1 回目	2 回目	3 回目
	/30秒	/25秒	/20秒

9　記憶⑨　★★★

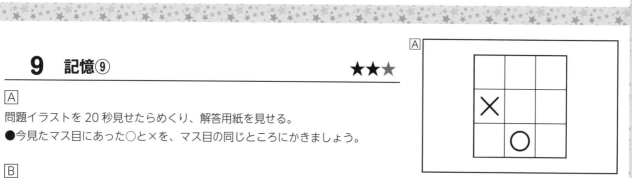

A

問題イラストを 20 秒見せたらめくり、解答用紙を見せる。
●今見たマス目にあった○と×を、マス目の同じところにかきましょう。

B

問題イラストを 20 秒見せたらめくり、解答用紙を見せる。
●ブドウがあったところに○、バナナがあったところに×をかきましょう。

A 時間	1 回目	2 回目	3 回目
	/25秒	/20秒	/15秒

B 時間	1 回目	2 回目	3 回目
	/25秒	/20秒	/15秒

10 記憶⑩ ★★★

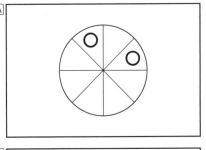

A

問題イラストを 20 秒見せたらめくり、解答用紙を見せる。

●黒い丸があったところ 2 つに○をかきましょう。

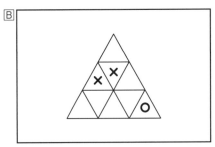

B

問題イラストを 20 秒見せたらめくり、解答用紙を見せる。

●四角があったところに○、星があったところに×をかきましょう。

A 時間	1 回目	2 回目	3 回目
	/30秒	/25秒	/20秒

B 時間	1 回目	2 回目	3 回目
	/30秒	/25秒	/20秒

---

11 記憶⑪ ★★★

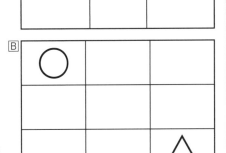

A

問題イラストを 20 秒見せたらめくり、解答用紙を見せる。

●イヌがいたマス目に○をかきましょう。

●カエルがいたマス目に△をかきましょう。

B

問題イラストを 20 秒見せたらめくり、解答用紙を見せる。

●こけしがあったところの左のマス目に○をかきましょう。

●クロッカスがあったところの右のマス目に△をかきましょう。

A各 時間	1 回目	2 回目	3 回目
	/20秒	/15秒	/12秒

B各 時間	1 回目	2 回目	3 回目
	/20秒	/15秒	/12秒

---

12 記憶⑫ ★★★

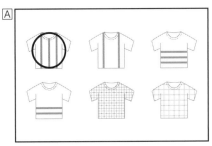

A

問題イラストを 20 秒見せたらめくり、解答用紙を見せる。

●今見た絵と同じところにある T シャツに○をつけましょう。

B

問題イラストを 20 秒見せたらめくり、解答用紙を見せる。

●それぞれのマス目の左上にある果物は、今見た絵のどこに描いてありましたか。
　そのマス目に○をかきましょう。

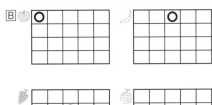

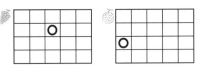

A 時間	1 回目	2 回目	3 回目
	/25秒	/20秒	/15秒

B 時間	1 回目	2 回目	3 回目
	/1分	/50秒	/40秒

13 記憶⑬ ★★★

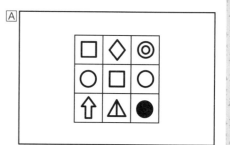

A

問題イラストを 20 秒見せたらめくり、解答用紙を見せる。

●今見た絵と同じになるように、印をかきましょう。

B

問題イラストを 20 秒見せたらめくり、解答用紙を見せる。

●今見た絵と同じになるように、印をかきましょう。

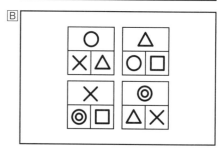

A 時間	1回目	2回目	3回目
	/1分	/50秒	/45秒

B 時間	1回目	2回目	3回目
	/1分20秒	/1分10秒	/1分

14 記憶⑭ ★★★

A

問題イラストを 20 秒見せたらめくり、解答用紙を見せる。

●今見た絵と違うところが 3 つあります。違うところに○をつけましょう。

B

問題イラストを 20 秒見せたらめくり、解答用紙を見せる。

●今見た絵と違うところに○をつけましょう。

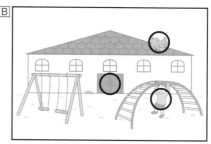

A 時間	1回目	2回目	3回目
	/30秒	/25秒	/20秒

B 時間	1回目	2回目	3回目
	/30秒	/25秒	/20秒

15 記憶⑮ ★★★

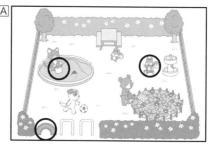

A

問題イラストを 20 秒見せたらめくり、解答用紙を見せる。

●今見た絵と違うところ 3 つに○をつけましょう。

B

問題イラストを 20 秒見せたらめくり、解答用紙を見せる。

●今見た絵と違うところ 3 つに○をつけましょう。

A 時間	1回目	2回目	3回目
	/30秒	/25秒	/20秒

B 時間	1回目	2回目	3回目
	/30秒	/25秒	/20秒

16　記憶⑯　★★★

A

問題イラストを 15 秒見せたらめくり、解答用紙を見せる。

●今見た公園にあったもの全部に○をつけましょう。

●公園にはすべり台もありましたね。すべり台には何人の子どもが並んでいましたか。その数だけ、マス目に 1 つずつ○をかきましょう。

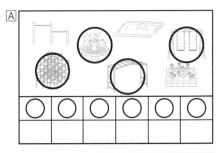

B

問題イラストを 15 秒見せたらめくり、解答用紙を見せる。

●今見た絵の中で、飛んでいたものに○をつけましょう。

●砂浜には人が何人いましたか。その数だけ、人が描いてあるところに○をつけましょう。

●絵の中になかったものに○をつけましょう。

A各	1回目	2回目	3回目
時間	／30秒	／25秒	／20秒

B各	1回目	2回目	3回目
時間	／25秒	／20秒	／15秒

17　記憶⑰　★★★

A

問題イラストを 20 秒見せたらめくり、解答用紙を見せる。

●今見た絵にいなかった生き物に○をつけましょう。

●絵の一番上にいた生き物に○をつけましょう。

●木に巻きついていたヘビに○をつけましょう。

●絵の中には、鳥は全部で何羽いましたか。その数だけ、鳥が描かれている四角に○をつけましょう。

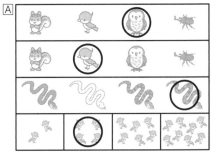

B

問題イラストを 20 秒見せたらめくり、解答用紙を見せる。

●今見た絵にいたネコと同じものに○をつけましょう。

●今見た絵にあった人形と同じものに○をつけましょう。

●今見た絵にあったコップと同じものに○をつけましょう。

A各	1回目	2回目	3回目
時間	／20秒	／15秒	／12秒

B各	1回目	2回目	3回目
時間	／20秒	／15秒	／12秒

MEMO